Alessandro Persico

Edith Stein

Alessandro Persico

Edith Stein

Philosophia Crucis

Edizioni Sant'Antonio

Imprint

Cover image: www.ingimage.com

Publisher:
Edizioni Accademiche Italiane
is a trademark of
Dodo Books Indian Ocean Ltd., member of the OmniScriptum S.R.L Publishing group
str. A.Russo 15, of. 61, Chisinau-2068, Republic of Moldova Europe
Printed at: see last page
ISBN: 978-613-8-39408-2

«La fede e la ragione, sono come le due ali con le quali lo spirito umano si innalza verso la contemplazione della verità».

Fides et Ratio

Giovanni Paolo II.

LINEAMENTI INTRODUTTIVI

Per trattare i lineamenti di una *philosophia crucis* in Edith Stein, bisogna addentrarsi nella fenomenologia di Edmund Husserl; lo studio profondo di questo filosofo e l'esperienza del *fainòmenon*, hanno dato vita alla scuola fenomenologica, successivamente abbracciata dalla stessa Stein. Nella sua tesi di laurea: *Zum Problem der Einflüung* [1] Edith Stein indagò l'atto dell'immedesimazione delimitandolo da altri atti della coscienza. È noto che una parte della tesi non fu mai pubblicata (quella relativa alla problematica dell'immedesimazione dal punto di vista etico, estetico e gnoseologico); le uniche parti edite sono intitolate: *L'essenza degli atti di immedesimazione*, *La costituzione dell'individuo psico-fisico*, *L'immedesimazione come comprensione di persone spirituali.*

Il punto di partenza della sua teoria riguarda la costituzione della persona, dove la coscienza (o io individuale), non viene considerata come membro della natura, in quanto spirito.

Essa esce dal contesto della natura e si pone di fronte ad essa, in questo modo il soggetto spirituale non coincide con la persona e, affinché ci sia coincidenza, è necessaria la motivazione, considerata come la legge suprema della vita spirituale, in quanto, gli atti spirituali risultano in relazione l'un l'altro, grazie appunto alla motivazione, definita come un procedere vissuto dell'uno dall'altro.

La Stein inoltre distingue il coglimento immedesimante dei nessi psichici dalla comprensione immedesimante di ordini spirituali. Da qui, la strada risulterà breve nell'indagine sulle persone spirituali e sollevare quindi l'attenzione sul significato della coscienza religiosa.

La filosofia di stampo cattolico nei primi anni del '900 era caratterizzata principalmente dal filone della neo - scolastica, ossia, dal tentativo di istituire un dialogo tra passato e presente.

Dopo aver tradotto le lettere di J.H. Newman, la Stein tradusse le Ricerche sulla verità[2] di Tommaso D'Aquino.

---

[1] E. STEIN, *Zum Problem der Einflüung*, Friburgo 1916.

[2] T. D'AQUINO, *Le Questioni disputate. La verità,* vol. II, ESD, Bologna 2001, p.175 ss.

Anche in quest'attività di traduttrice, ella volle però restare una fenomenologa. Ciò significa, che era intenzionata ad interpretare il testo di Tommaso in base alle cose stesse.

Si può asserire che la dottoressa Stein, come filosofa cristiana, assunse un ruolo di mediazione nella cultura del suo tempo in quanto non vedeva contraddizione tra fenomenologia e fede cristiana. Lesse infatti Tommaso con gli occhi di Husserl ed era convinta che ci fosse la possibilità di una corrispondenza dialogica tra loro. Tuttavia, in quanto cristiana e credente, non si accontentò di indagare solo fenomenologia di Husserl, né di ciò che quest'ultimo aveva lasciato in sospeso, cioè, la questione su Dio e la coscienza religiosa, divenuto per lei una realtà empirica. Dopo la sua conversione, dedicò i suoi studi ai problemi metafisici, dove quello più importante risultava essere: Dio.

Nella sua opera: *Essere finito ed essere* eterno[3], è percepibile l'influsso del filosofare heideggeriano[4] del *Da Sein* (inteso come esser-ci, essere nel mondo), anche se la Stein ritiene che Heidegger non abbia approfondito abbastanza la differenza ontologica; con: Essere finito ed essere eterno, la Stein invece, pensò fosse possibile istituire una *philosophia perennis* (ossia dell'essere), per fare in modo che ogni impostazione di pensiero avesse bisogno di essere integrata da altre vie di ricerca, affinché pensatori antichi e moderni entrassero in reciproco dialogo.

Nella sua visione ontologica, attenzionò tre problematiche: L'essere stesso, la struttura dell'ente e l'articolazione della molteplicità fenomenica del medesimo. Queste problematiche, erano intimamente connesse alla *quaestio* sul rapporto fra *Essere* ed *Ente*; a questa domanda ella dedicò un'articolata riflessione, patendo dal panorama scolastico di Tommaso, avvicinandosi però ai fondamenti di una metafisica prettamente agostiniana e alla dottrina del *singolo essere* di Duns Scoto.

---

[3] E. STEIN, *Essere finito e Essere eterno,* Città Nuova, Roma 1988.

[4] Oltre l'esser-ci, possiamo scorgere l'essere –con- gli- altri, in quanto non c'è soggetto senza gli altri, che sono dati come altrettanti io.

Del suo ultimo anno e mezzo di vita, abbiamo due studi molto interessanti su temi di teologia mistica: Dionigi l'Areopagita (sotto lo pseudonimo di Dionigi- l'ateniese convertito da Paolo sull'Areopago, Cfr. At. 17,34)[5] e Giovanni della Croce[6].

Dionigi aveva unito in modo profondo le idee neo-platoniche con la dottrina della fede cristiana. La sua teologia apofatica, dell'assoluta originaria oscurità di Dio fece da contrappeso al pensiero greco occidentale, che riversò su Dio concetti fin troppo chiari.

Dio attende l'anima nel buio luminoso. Luce e buio sembrano co-appartenersi nell'esperienza di Dio; Edith Stein volle approfondire questi concetti, giungendo alla conclusione che tale teologia non potesse essere considerata una scienza intellettuale-sistematica; il suo parlare di Dio, derivava da un essere rapiti da Dio e dunque, in quanto teologia positiva o negativa essa confluiva necessariamente nella teologia mistica, nella quale Dio si rivela all'uomo nel silenzio e l'uomo, sentendolo, risponde e lo asseconda ammutolendo.

Quanto allo studio su Giovanni della Croce, costato quasi dieci mesi di duro lavoro scrisse in una sua lettera: "Procedo nel lavoro con molta fatica. Persino l'impostazione generale mi viene data dalla provvidenza, nel senso che la scopro mano a mano che procedo. Ma le pietre per la costruzione devo spaccarle io, levigarle e trasportarle"[7].

La visione mistica della Stein risulta essere caratterizzata dal pensiero dell'arcana esperienza della notte come espressione simbolica dell'esperienza di Dio e dal segno della croce[8] come espressione dell'imitazione di Cristo, che rappresenta l'itinerario dell'opera sulla quale ci soffermeremo[9]. La Stein ricostruisce questi aspetti in tre capitoli: *Il messaggio della Croce, La Dottrina della Croce* e *L'imitazione della Croce*. Leggendo pedissequamente l'opera, si possono

---

[5] CATTANEO, *Patres Ecclesiae,* Aloisiana Libri, Napoli 2004

[6] E. STEIN, *Scientia Crucis,* Edizioni OCD Roma 2002.

[7] Lettera del 9 aprile 1942 *Briefe an Roman Ingarden. Edith Steins Werke XIV*, con introduzione di H.B. Gerl, a cura di M. Amata Neyer, Freiburg 1991, p. 137

[8] "Sospendere il giudizio su tutto ciò che innanzitutto ci dicono le dottrine filosofiche, con i loro inconcludenti dibattiti metafisici, su quanto dicono le scienze, su ciò che ognuno di noi afferma e presuppone nella vita quotidiana, cioè l'atteggiamento naturale." (Significato di *epoché*, tratto dalle lezioni frontali della dott.ssa A. Ales Bello – Roma 2000.

[9] E. STEIN, *Scientia Crucis,* Edizioni OCD, Roma 2002.

notare le sue osservazioni espresse fenomenologicamente. Tuttavia, *l'epoché*[10] del soffermarsi parve divenire una radicale *epoché* del porgersi, ossia l'esclusione e il sospender-si si unirono al soffermarsi presso Dio e al porgersi a Dio.

Questo studio, si interruppe, proprio nel mentre si descriveva la morte del Santo, così che Edith Stein – come ha scritto qualcuno - è giunta non più a descrivere, bensì a possedere una *Scientia Crucis*, perché ha sperimentato fino in fondo e nella propria carne la Croce.

La presente, è da ritenersi una breve riflessione avente lo scopo di sintetizzare l'opera della *Scientia Crucis*, ripercorrendone i tratti filosofici che ad essa soggiacciono, ponendo un accenno di raffronto tra essa ed ulteriori visioni filosofiche che convergono all'argomentazione, ponendo una particolare attenzione al pensiero di Teresa d'Avila.

CAPITOLO PRIMO

LINEAMENTI DI UNA GIOVANE VITA

1.1 Dal focolare domestico all'Università

Frutto dell'amore di genitori ebrei, Edith Stein venne alla luce il 12 Ottobre del 1891 a Breslavia (attuale Wroclaw), ultima di sette figli, alla tenera età di un anno circa di vita si trovò orfana di padre, colpito da un' insolazione durante un viaggio; così la vedova Stein si trovò a dover prendere in mano le redini della famiglia e della falegnameria in modo da render più agiata e dignitosa la vita della numerosa famiglia.

La figura di Sua madre, ci appare molto determinata, risoluta ed autodisciplinata nel portare avanti la sua "squadra", ciò lascia pensare che Edith abbia probabilmente ereditato dalla madre la concezione del lavoro femminile nonché la coniugabilità di lavoro e famiglia, potrebbe pertanto fare da faro guida alle donne di una società come la nostra, nella quale non è raro che una donna possa essere equiparata all'uomo, ristabilendo il primigenio equilibrio in cui Uomo e Donna non vivevano in un rapporto di raffronto o di importanza e valore bensì un rapporto paritario che permetta non la confusione ma la fusione perfetta per giungere alla dimensione totale dell'Essere.

Iniziati brillantemente gli studi, dovette improvvisamente interromperli senza una motivazione plausibile, allontanandosi dalla fede ebraica e dichiarandosi infine atea, reazione probabilmente ad una crisi interiore.

Nel 1911, conseguita la licenza liceale, si sottopose esclusivamente alle prove scritte in quanto dispensata da quelle orali a causa del suo alto profitto scolastico. Nello stesso anno si immatricolò all'università di Breslavia, seguendo corsi di Germanistica, Filosofia e Psicologia ma dopo due anni, attratta dal filosofo Edmund Husserl, dopo aver letto le: *Ricerche logiche* e dalla sua fenomenologia (lavoro di chiarificazione), passò all'università di Gottinga, per studiarvi filosofia ed intraprendere una nuova direzione d'indagine. In quegli anni incontrò i primi personaggi che la accompagnarono nella sua carriera di fenomenologa tra cui: Adolf e Anna Reinach, Roman Ingarden, Hans Lipps e Max Scheler; di quest'ultimo scrisse:

"[Era] il tempo in cui Scheler era totalmente pieno delle idee cattoliche e con tutta la chiarezza del suo spirito, della sua comunicatività di attrarre ad esse. Era il primo contatto con un mondo sino ad allora per me completamente sconosciuto. Tale contatto non mi condusse alla fede ma mi aprì un ambito di 'fenomeni' cui non potevo più restare cieca. Non invano ci fu assiduamente inculcata l'idea che dovevamo prospettarci le cose in modo privo di pregiudizi e che dovevano essere rifiutati tutti i 'paraocchi. Le barriere dei pregiudizi razionalistici nei quali ero cresciuta senza saperlo cadevano, e il mondo della fede stava improvvisamente davanti a me"[11] .

Nel 1915, durante la prima guerra mondiale, prestò onorevole servizio come crocerossina volontaria nell'ospedale per le malattie infettive di Mahrisch- Weisskirchen in Austria, l'esperienza della sofferenza e di curare gli infermi, la portarono ad un lavorio interiore di grande portata, probabilmente prese coscienza del proprio stato di vita, si pose le giuste domande di senso ben note ad un filosofo della sua portata; "La sofferenza della quale fece esperienza le diede molto da riflettere; facendo strada all'interrogativo sul senso della caducità e del proprio progetto di vita"[12].

Il 3 agosto del 1916 giunse a Friburgo, dove da Gottinga, Husserl fu chiamato alla cattedra di Filosofia. Si laureò: *summa cum laude* conseguendo l'agognato titolo di dottore. Nell'ottobre dello stesso anno divenne assistente di Husserl. Nel nuovo lavoro, si trovò immersa da una fatica estenuante di rielaborazione di manoscritti stenografati, pressoché indecifrabili. Non trovò alcun ritaglio di tempo da dedicare ad una propria speculazione filosofica, come intimamente desiderava.

Nella sua estenuante ricerca della verità, nell'estate del 1921, dopo anni di ansie, attese e lotte, si diede alla lettura della *Vita* di S.Teresa d'Avila, in una notte comprese che Dio è *la Verità,* il

---

[11] E.STEIN, *Storia di una famiglia ebrea,* Città Nuova, Roma 1992 [tr.it.] p.78

[12] H.B. GERL, *Edith Stein, Vita-Filosofia- Mistica,* Morcelliana, Brescia 1998, pag.21

compimento di ogni ricerca. Persuasa da quanto compreso, chiuse il libro affermando: ”Questa è la Verità” e, decisa, abbracciò la fede cattolica.

Il primo gennaio del 1922, al sorgere del nuovo anno, abbracciò la vita nuova, ricevendo il battesimo, sentì la sua vita trasformata, finalmente sentì nel suo cuore serenità ed intima pace.

Dal 1923 al 1931 insegnò lingua e letteratura tedesca al liceo femminile delle domenicane di Spira. Furono proprio questi gli anni dell'intensa riflessione e pedissequo approfondimento della fede cattolica, tanto da tradurre in lingua tedesca le *Quaestiones disputatae de veritate* di Tommaso d'Aquino e le lettere di Newmann, tenne conferenze sulla donna, in Germania e all'estero e questi suoi studi furono non solo apprezzati ma pubblicati in diverse edizioni.

Nel 1932 divenne docente all'Istituto Superiore di Pedagogia scientifica di Münster ma il 27 febbraio 1933 tenne l'ultima lezione, fu sospesa dall'insegnamento perché in quanto non ariana. Ricordiamo che la Germania era soggiogata dal potere egemonico di Hitler e le sue politiche razziali.

La Stein, ormai esente da impegni, dopo un faticoso travaglio interiore, decise di abbracciare la vocazione monastica, coltivata sin dalla conversione ma ostacolata dai suoi direttori spirituali che, constatando il gran bene che ella poteva diffondere col suo insegnamento cattolico, dilazionavano la sua entrata in monastero.

Il mattino del 13 ottobre del 1933, lasciò Breslavia, il giorno dopo, terminati i primi Vespri di S.Teresa d'Avila fece ingresso, ormai quarantaduenne al Carmelo di Colonia.

Il 15 Aprile del 1934, vestì l'abito religioso prendendo il nome di Suor Teresa Benedetta della Croce.

Il 21 Aprile 1935 emise la professione semplice e dopo soli tre anni, il 21 aprile 1938, pronunciò i voti solenni. A gran richiesta dei superiori, nel Carmelo, riprese in mano la penna e scrisse di filosofia, teologia, mistica e spiritualità.

Il 31 dicembre del 1938 fu costretta a rifugiarsi al Carmelo di Echt in Olanda, ma dopo poco, la furia nazista la portò via anche di lì!

Il 2 Agosto 1942, venne arrestata dalla Gestapo, insieme alla sorella Rosa, da poco convertita al cattolicesimo. Il 7 Agosto del 1942 fu deportata ad Auschwitz- Birkenau come molti suoi connazionali, qui, il 9 Agosto trovò il martirio in una camera a gas quasi ricalcando le orme del suo sposo, Cristo Gesù.

Nel 1962 si aprirono a Colonia i processi per la causa di beatificazione e di canonizzazione. Nel 1978 fu finalmente pubblicato il decreto positivo sugli scritti della Stein.

Il primo maggio del 1987, il Sommo Pontefice, Giovanni Paolo II, beatificò a Colonia Teresa Benedetta della Croce, proclamandola martire della fede.

L'8 aprile 1997 fu promulgato il decreto riguardante un miracolo attribuito all'intercessione della Beata, che servì da lasciapassare per la canonizzazione, avvenuta l'11 ottobre del 1998 per mano di Giovanni Paolo II.

1.2 La Via Crucis dell'Anima secondo la speculazione hegeliana.

La strada tracciata dalla Stein era già stata più volte battuta da sempre diversi "pionieri" del sapere, indiscutibilmente originale si presenta l'opera di un altro grande della filosofia: Georg Wilhelm Friedrich Hegel, nato a Stoccarda nel 1770 e formatosi successivamente presso un seminario protestante. Forse questi studi hanno favorito la produzione di alcuni suoi capolavori quali: *La vita di Gesù, Lo spirito del cristianesimo e il suo destino, Filosofia della religione, La positività della religione cristiana* e così via. Il termine che permeerà il pensiero hegeliano sarà *Geist,* Spirito, egli infatti, conduce la stessa materia e la corporeità ad esso, essendo l'essere unico, autentico e sostanziale, ovviamente sempre in fieri; la materia, di contro parte, risulta essere la necessaria componente antitetica che muove il cerchio vitale ed attivo dello Spirito; anch'esso riletto alla luce del movimento triadico della Tesi, Antitesi e Sintesi[13], un perfetto Sillogismo; La materia rappresenta indubbiamente l'antitesi, rasentando l'auto-alienazione dello Spirito (momento negativo), nel

[13] oppure: in sé, per sé e in sé e per sé.

movimento in cui esso si abbassa o si manifesta all'esterno. L'Anima invece, è la Tesi, o momento positivo in quanto essa si immerge nell'Infinito grazie alla quale procede ad uno svelamento della Ragione pura acquisendo Conoscenza piena[14] (scoprire la verità)[15]. Per questo, tramite l'anima partecipiamo allo Spirito, proprio per giungere a questa partecipazione, l'anima deve intraprendere un "cammino di purificazione", o meglio una *Via Crucis,* descritta nella maggior opera di Hegel: *la Fenomenologia dello Spirito*[16] .

Le stazioni della via dello Spirito partono dalle categorie dello spazio e del tempo, dunque da un "qui ed ora", dal sentirsi soli, singoli individui (I); si procede alla percezione, attraverso i sensi (II); per aprirsi all'intelletto (III); e giungere all'autocoscienza (IV); segue la ragione che osserva (V) per attivare il legame tra autocoscienza e ragione (VI), così che l'uomo si senta appagato in quello che è, però, ancora il "regno animale dello Spirito" (VII). I gradini a questo punto salgono sempre più in alto: ecco l'etica che anima la coscienza (VIII), la cultura (IX), la coscienza che si autogiudica (X), la religione naturale (XI), l'arte (XII), la religione rivelata (XIII)e, alla fine, ecco la vetta di questo Calvario speculativo, dove *vive et imperat* lo Spirito Assoluto nel quale siamo sostanza e soggetto (XIV).

E'evidente che la Mistica che soggiace all'opera hegeliana: trattasi di una Mistica della Ragione che, procedendo in un cammino purgativo, procede verso *l'Aletheia*, in quanto Verità o Spirito Puro Assoluto. In esso, natura divina e natura umana sono "con-fuse", fino a risultare identificate. È palese che Hegel propone un monismo spiritualistico e razionalistico: dove il pinnacolo della sua cattedrale risulta dall'unione tra Dio-Spirito e Uomo- Spirito. Giunti dal termine analogo, l'anima umana si dissolve nello Spirito divino, e il grande peccato è rappresentato dal resistere a questa trasformazione unitiva. Questa è la follia che intendeva Hegel, intesa come malattia dell'anima, *escaton* dell'anima e dunque il diventare ed essere Spirito.

---

[14] Anche Heidegger riprenderà la figura dello "svelamento" quando parlerà della verità: "Veritas est adaequatio rei et intellectus", secondo Tommaso.

[15] Ossia svelamento della ragione pura, vi è similitudine con l'*Aletheia* heideggeriana.

[16] G. W. F. HEGEL, *Fenomenologia dello Spirito,* a cura di Elisa Oberti e Gaetano Borruso, 2 voll., trad.it., Firenze, Nuova Italia, 1960.

La posizione hegeliana è tuttavia molto distante da quella elaborata dalla Stein. Su Hegel la Croce è il puro momento negativo sul farsi della dialettica dello Spirito. Risulta quindi essere solo come il "Negativo" sulla speculazione. Molti commentatori hanno visto in questa visione, una riduzione della Croce a pieno momento speculativo, per cui il "Venerdì Santo" sarebbe solamente un passaggio dialettico all'interno della vita trinitaria[17].

La visione hegeliana è totalmente distante da quella steiniana perché la carmelitana, martire dell'orrore nazista, ha visto nella Croce non un "momento" speculativo, ma il *locus theologicus* speculativo nel senso più alto di *theoria*, ossia la contemplazione, dove la ricerca e la vita finalmente si congiungono. La sua, infatti è stata una vera "esperienza" del negativo, della notte, dell'oscurità e dell'abbandono della Croce, unita al Crocifisso per amore e la sua *sequela Christi* è divenuta una vera *imitatio Christi.*

1.3 La Via Crucis di Cristo: l'abbandono

Già presente nel racconto primitivo della passione, il grido d'abbandono testimonia forse la più antica comprensione "cristiana" della morte di Gesù.

Nei sinottici, Gesù muore nell'abbandono, e nessun intervento consolatore del Padre viene ad interrompere l'esperienza del silenzio di Dio. Gesù ha vissuto la sua morte nel senso dell'assenza di Dio. Certamente Dio interverrà, ma non per procurare a Gesù una lieta fine poco prima di morire, ma soltanto più profondamente nella solitudine della morte stessa, in questa lontananza da Dio significata dal legno della maledizione, per trasformarla in vita eterna di comunione filiale pienamente realizzata.

Dio ha tanto amato il mondo che ha sacrificato il suo Figlio unigenito (*Gv* 3,16) e in quest'ora, quell'eterno Amore deve verificarsi col sacrificio del cuore umano. Cristo non rinuncia a dare il proprio cuore affinché divenga altare, luogo di totale annientamento[18].

---

[17] P.CODA, *Il negativo e la trinità,* Città Nuova, Roma 1987, p 318.
18 *Cfr.* WOJTYLA K., *La preghiera nel Getsemani,* Vita e Pensiero, 1977.

Ci riferiamo ai testi di:

- *Mc*15,34-35: All'ora nona, Gesù esclamò a gran voce: "*Eloì, Eloì, lamà sabactani?*" che si traduce: "*Dio mio, Dio mio, perché mi hai abbandonato?*" allora alcuni dei presenti, uditolo, dicevano: "*Ecco, invoca Elia*".
- *Mt* 27,46-47: Verso l'ora nona, Gesù gridò a gran voce: "*Elì, Elì, lemà sabactani?*" cioè: " *Dio mio, Dio mio, perché mi hai abbandonato?*" Alcuni dei presenti, uditolo, dicevano: "*Egli chiama Elia*".
- *Lc* 23,46: E Gesù gridando a gran voce, disse: "*Padre, nelle tue mani consegno il mio spirito*".

1.3.1 Contestualizzazione immediata

Nei pochi versetti che i Sinottici dedicano alla morte di Gesù, vien riferito il momento finale della Sua vita storica. Tutti e tre gli evangelisti concordano su un oscuramento della terra: un buio che dura tre ore. Si nota un dettaglio molto importante: finora Gesù non aveva fatto nulla, non aveva detto nulla, era "passivo" mentre tutti attorno a lui si davano da fare; ora invece è Gesù ad essere attivo, mentre gli altri non determinano più gli eventi ma li subiscono[19]. Ora è lui che agisce: non lo stanno facendo morire, ma è lui che accetta di morire.

In *Mt* e *Mc*, Gesù muore citando il Salmo 22, ma vi è una peculiarità, mentre Matteo scrive: "*Elì, Elì, lemà sabachtani*" (*Mt* 27,46b), Marco scrive: *"Eloì, Eloì, lemà sabachtani* (*Mc* 15,34); parafrasando, si asserisce che mentre Marco cita il Salmo in Aramaico, Matteo antepone al *sabachtani* aramaico l' *Elì* ebraico[20], questo termine, *Elì* (mio Dio), presenta un'assonanza col termine *Elia* : si tratta comunque di una frase detta in un momento di estrema sofferenza e proferita quasi a stento, tanto che qualcuno pensa stesse chiamando Elia.

19 *Cfr. Mc* 15,34-37.
20 *Cfr.* GRASSO S., *Vangelo di Marco,* Paoline, Milano 2003, pp. 367-368.

Citare il primo versetto di un Salmo -come è noto- significava citare l'intero Salmo: così è per Gesù che qui sta citando il Salmo 22, un Salmo di fiducia in Dio. Gesù muore, allora, non già con un grido di disperazione, anche se il grido in sé è segno della fine[21], bensì con un atto di estrema fiducia in Dio[22], e il fatto che l'ultimo grido di Gesù è proprio quello riportato da *Mt* e *Mc*, è un dato certo della tradizione.

In *Lc,* invece, non è riportata l'espressione del Salmo 22 in quanto non sarebbe stata compresa da un uditorio estraneo alle consuetudini ed alle preghiere ebraiche quale era, appunto, quello di *Lc*; l'evangelista, allora, riporta un'altra espressione "*Padre, nelle tue mani affido il mio Spirito*" (*Lc* 23,46), espressione questa, che spiega l'originario grido del Salmo; si tratta dell'estremo, totale e definitivo affidamento di Gesù nelle mani del Padre[23]: *Lc* è il primo esegeta di *Mc* e *Mt*[24].

1.3.2 Contestualizzazione mediata: *Funzione della Morte di Gesù*

1.3.2.1. Rapporto tra Gesù e il Padre.

Nel *Sal* 22, Gesù si rivolge al Padre e gli pone la sua situazione attuale con insistenza: "Dio mio, Dio mio...". L'invocazione è ripetuta ben due volte; Gesù si sta rivolgendo a Dio, al suo Dio, a colui che nel Getsemani aveva invocato con il nome di *Abbà* Al grido che Gesù rivolge a Dio (*Mc* 15,34), si lega immediatamente il fraintendimento di alcuni dei presenti che scambiano l'invocazione a Dio come appello a Elia (v.35). L'equivoco a riguardo del grido (v.35) origina il tentativo di uno sconosciuto di far bere aceto a Gesù per tenerlo in vita fino a un eventuale intervento di Elia (v.36). Tale tentativo però a sua volta non riesce perché, prima che la spugna raggiunga le labbra del morente, un forte grido segnala lo spirare di Gesù (v.37)[25].

---

21 *Cfr. 1Ts* 4,16; *Ap* 1,10; 5,2.12; 6,10; 7,2.10; 8,13; 10,3; 11,12.15; 12,10; 14,7.9.15. 18; 16,17; 19,1. 17; 21,3.
22 *Cfr.* GRASSO S., *Vangelo di Marco,* Paoline, Milano 2003, pp. 367-368.
23 CRADDOCK F. B., *Luca,* Claudiana, Torino 2002 (tr.it), p. 351.
24 *Cfr.* SENIOR D., *La passione di Gesù nel Vangelo di Luca,* Ancora, Milano 2001.
25 *Cfr.* MANICARDI E., *Gesù e la sua morte secondo Marco 15,33-37,* in *Atti della XXVII settimana biblica,* Brescia 1984, 10-73.

Gesù si vede abbandonato da tutti; sembra che anche Dio lo abbia abbandonato in mano ad uomini violenti, ma attraverso questo abbandono, Gesù prende l'iniziativa: non muore in maniera passiva, ma si affida nelle mani del Padre[26]. Ciò che comunque è da ritenere, è che in Marco e Matteo, il grido è frainteso dalla folla, elemento che in Luca non si evince in quanto pone sulle labbra del Cristo parole diverse che recano una significanza similare.

1.3.2.2. Rapporto tra Gesù e gli uomini

In *Mt* e *Mc*, c'è una ripresa della derisione di Gesù; tra il primo ed il secondo grido: gli uomini che schernivano Gesù intervengono per l'ultima volta.

Fino alla morte di Gesù, tutti i personaggi avevano nei suoi riguardi un atteggiamento negativo; nel momento in cui muore, però, anche il male più crudo si tramuta in bene.

La morte di Gesù ed il modo come è avvenuta, è stata una grande catechesi, una catechesi che ha toccato i cuori: tutti coloro che gridavano contro di lui sono scomparsi; ora compaiono coloro che in qualche modo hanno intravisto la verità: le donne, ed in particolare il centurione che in *Mt*, assieme agli astanti, esclama: *"Davvero questi era il figlio di Dio"* (*Mt* 27,54b), un grido questo, originato dalla paura per gli effetti immediati della morte di Gesù (oscuramento della Terra, terremoto); il centurione, proprio lui, si rende conto dell'identità di Gesù, egli non si pone più il problema politico.

La tenebra di *Mc* 15,33 con l'indicazione cronologica dei vv. 33-34 e del v.25 è legata al grido di Gesù al v.34 ed alle reazioni che esso scatena. I versetti seguenti presentano: il lacerarsi del velo del tempio alla morte di Gesù (v.38), il riconoscimento del centurione che Gesù era Figlio di Dio, l'elenco delle donne presenti sul Golgota (vv.40-41). Essi intendono mostrare gli effetti ottenuti dalla morte di Gesù (il lacerarsi del velo), la possibilità di riconoscerlo proprio in forza della sua morte (la

26 *Cfr.* MANICARDI E., *Esperienza e silenzio di Dio nella morte di Gesù secondo Marco,* in *Parole, Spirito e Vita* 2 (1994), pp. 105-119.

confessione del centurione), la connessione tra l'esperienza della morte e quella dell'annuncio della resurrezione entro il sepolcro vuoto (il catalogo delle donne).

La tenebra al v.33 non è in relazione, come in *Mt* (eventi fisici: terremoto, risurrezione, morti)[27] e in *Lc* (eclissi), con altri elementi concomitanti che intervengono nella morte di Gesù, ma soltanto con il grido "Dio mio" che della tenebra rappresenta l'apice. In *Mc* la tenebra non è un segno apocalittico: la morte di Gesù non presenta gli sconvolgimenti tipici della letteratura apocalittica. Inoltre, Mc non guarda verso l'alto, ma il suo sguardo è diretto a ciò che avviene sulla terra: non accenna alla provenienza della tenebra, ma sottolinea che essa si diffonde su tutta la terra. *Mc* raccoglie altre tradizioni circa la tenebra, precisamente quelle veterotestamentarie che indicano nella tenebra la presenza di Dio. Così la tenebra è colonna di nube e fuoco nell'esodo e nel deserto prenderà dimora nel tabernacolo (*Es* 13,21ss.; 14,19ss.: 33,9ss.; 40,34-38); è il buio del Santo dei Santi nel Tempio, come ricorda la preghiera di Salomone (*1Re* 8,10-13; *2Cr* 5,11-6,1); è la tenebra del Sinai (*Es* 19,9a; 20,21). Testi da rilevare insieme sono: *Es* 20,1; *Dt* 4,11-12 (tenebre tradotto in LXX con *skotos*, come in *Mc*, nuvole e oscurità); *Dt* 5, 23-24 (l'oscurità qui sta al centro circondata dal fuoco); *Sal* 18,10-12 (*Cfr.* *2Sam* 22,10ss.); *Sal* 97,1. Dopo le derisioni e le incomprensioni degli astanti, Mc mette allora in scena Dio stesso, *l'Abbà*, in maniera silenziosa, nell'oscurità[28]. Egli è colui che , al di là di tutti gli interventi e le opzioni degli uomini, ha deciso questa morte affermandola anche di fronte alla volontà contraria di Gesù (14,32-42)[29].

Nella morte di Gesù c'è allora la rivelazione della sua vera identità, e questo è attestato da un pagano: il centurione. La morte di Gesù riconduce gli uomini a Dio.

Il primo grido è l'inizio del *Sal* 22, un salmo che lamenta l'abbandono di Dio: "[...] *Lontano dal mio aiuto sono le parole del mio grido*"[30], pur costatandone la presenza, rilevata dalla presenza

---

27 *Cfr.* DA SPINETOLI O., *Matteo,* Cittadella, Assisi 1993[5].
28 Cfr. COHN- SHERBOK D., *Jesus cry on the cross: an alternative view,* in *Expository Times* 93 (1981-1982), pp. 215-217.
29 *Cfr.* CAZA L., *Le relief que Marc a donné au cri de la croix,* in Science et Esprit 39 (1987), pp.171-191.
30 *Cfr.* WEISER A., *ANTICO Testamento, I Salmi 1-60,* Paideia, Brescia 1984.

della fiducia in Lui che si esprime come invocazione (vv. 2 e 4 da mettere in relazione). E' proprio questa tensione che lo distingue da tutti gli altri Salmi di abbandono e conferisce una sottolineatura tragica di significato alla pericope. Il *Sal* 22 si concentra esclusivamente sul rapporto tra Dio e l'orante[31]. Il grido sulla croce è da capire come un lamento per la presenza di Dio che non si fa conferma nei riguardi di Gesù, come al contrario era accaduto per il Battesimo (*Mc*1,9-11) e la Trasfigurazione (*Mc* 9,7ss.), gli altri due episodi dove Dio si rende presente a confermare l'identità e l'operato del Figlio. Dio qui non dà conferma al morire di Gesù e, in esso, alla sua identità. Dio è presente e insieme distante, inoperoso, inattivo, fedele al suo progetto. Non cede alla tentazione di assecondare il grido del Figlio, la sua preghiera, il lamento per la mancata conferma più che un'invocazione ad essere liberato dalla morte: Gesù sa che deve soffrire e morire perché questo è stato il suo insegnamento sul destino del Figlio dell'uomo; sa che la sua passione ha ed avrà un significato, come ha espressamente affermato in *Mc* 10,45 e in 14,24; sa che non può ritirare l'obbedienza alla volontà del Padre conquistata agonicamente e, perciò faticosamente, al Getsemani; Gesù non accetta che tutto questo non sia confermato dalla voce di Dio come sempre è accaduto nella sua vita. Qui muore nel dubbio, nell'incertezza, nella solitudine che però non si arrende alla sfiducia, ma si fa grido di ostinata fedeltà a Dio stesso. Ma in questo morire così tutta la terra, ossia ogni uomo, coglie il rapporto tra Gesù e il Padre. Gesù non comprende l'agire misterioso del Padre: si tratta di un dolore più grande di quello fisico, che *Mc* infatti non evidenzia[32].

Il fraintendimento cerca di sconfessare la morte di Gesù e del suo ministero. Inoltre, lascia intendere che gli astanti non hanno compreso il significato della tenebra quale presenza di Dio, loro che avrebbero dovuto. Nell'insieme del racconto della passione e morte questo episodio continua le derisioni di *Mc* 15, 29-32 e sta in esplicito contrasto con l'atteggiamento del centurione, che, accettando la morte di Gesù così come avviene, finisce per arrivare a una confessione autentica (15,39). Il centurione vede morire Gesù nel modo in cui *Mc* descrive la sua passione e morte e per

31 *Cfr.* SENIOR D., *La passione di Gesù nel Vangelo di Matteo,* Ancora, Milano 1990, pp. 280ss.
32 *Cfr.* ALETTI J.N., *Mort de Jèsus et théorie du récit,* in *Recherches de Science Religieuse* 73 (1985), pp.150ss.

questo crede. Egli racchiude tutti gentili che si convertono a Cristo attraverso la narrazione dei testimoni. La sua confessione di fede è più alta di quella di Pietro in *Mc* 8,29, anche se essa non sostituisce la parola rivelatrice che spetta solo a Dio, che qui tace.

Il secondo grido indica che il dolore ha accompagnato Gesù sino alla morte e che con tutto il suo carico di sofferenza non è stato coperto interamente dalla preghiera. Esso non è un nuovo elemento che si collochi tra il fraintendimento dell'invocazione a Dio e la morte, ma è in continuità con questi due ultimi avvenimenti. Questo grido pone nella morte la domanda circa la relazione. La fiducia non annienta il dolore, ma al contrario gli dà voce per poter gridare.

Si è detto riguardo alla contestualizzazione immediata che il Cristo muore gridando l'inizio del Salmo 22, e che questo grido è comune alla tradizione marciana e matteana mentre quella lucana non sembra concordare; nella contestualizzione mediata invece, ripercorrendo i versetti dei vangeli, si evince come questo grido, abbia il carattere della preghiera fiduciosa del povero d'Israele che si volge a Dio, quindi, il lettore cristiano, al quale sono indirizzati i racconti della passione, sa che la scelta di una parola così forte, presa dal Salmo 22, è parola più vicina per contenuto, allo scandalo della croce legato alla sentenza di *Dt* 21,23: maledetto (da Dio) l'appeso al legno. La morte di Gesù viene quindi scritta sullo sfondo del *Sal* 22; il testo scritturistico che al meglio corrisponde ad una morte per crocifissione con il carico di maledizione divina ad essa legata la assume e la introduce nella storia della salvezza. Questo grido è dunque l'applicazione cristiana di *Dt* 21,23. questo grido è dunque rivelazione di una *kenosi* divina; "se mentre sta morendo grida a Dio, non grida solo al Dio dell'Antico Testamento, ma verso quel Dio che in senso esclusivo egli chiama Padre e con il quale si sentiva legato in modo del tutto singolare"[33].

33 KASPER W., *Gesù il Cristo,* Queriniana, Brescia 1975, p. 161.

APPENDICE

Alla Croce[34]

Croce, dolcezza del mio cuor quaggiù,

splendi, fra tutti benvenuta, tu!

Sei la bandiera sotto cui chi pugna,

anche s'è infermo, si dimostra forte.

Tu sei la vita della nostra morte;

pago tu fêsti il gran Leon Gesù.

Splendi, fra tutti e benvenuta tu!

Chi te non ama, libertà non ama;

retto è il sentier che tu sorvegli e allumi;

e dell'inferno i tenebrosi numi,

vinti, conquide l'altra tua virtù.

Splendi, fra tutti e benvenuta tu!

I lacci nostri il tuo potere infranse;

tolse dall'alme il nostro vero male.

Tu sei la nostra gioia dell'esilio, e sale

Chi per te sale, a tripudiar lassù.

Splendi, fra tutti e benvenuta tu!

---

[34] S.TERESA DI GESÙ,*Opere,* Postulazione Generale O.C.D., roma 1969[5], 1521.

Una Poesia semplice per i semplici, all'apparenza, in essa la Croce viene vista come un vessillo grazie al quale le certezze si invertono, proprio come vuole la logica evangelica, pertanto "l'infermo, si dimostra forte", è la vita della nostra morte in quanto grazie ad essa chi muore ha la certezza della vita eterna meritata dal sacrificio di Cristo paragonato al Leone, il Re della foresta! A seguire il ritornello, quasi fosse un responsorio: "Splendi, fra tutti benvenuta, tu!".

È paragonata all'amore per la libertà, posta a sorveglianza del sentiero che illumina, viceversa, chi vive nelle tenebre infernali, afflitti, ne ammirano la virtù!

È suo il potere di rompere i legacci e la definitiva liberazione dal male, è il conforto che l'essere umano può trovare anche in esilio, quasi fosse una scala, il mezzo per salire per godere del Paradiso!

Un piccolo compendio di Teologia mistica che unisce *lex credendi* e *lex vivendi*[35].

---

[35] F. ASTI, *Dalla spiritualità alla mistica,* LEV, Città del Vaticano, 2005,61ss.

CAPITOLO SECONDO

LA SCIENTIA CRUCIS

2.1 Il Messaggio della Croce

Scientia Crucis è un profondo *Studio su S. Giovanni della Croce.* L'opera le era stata chiesta per commemorare il quarto centenario della nascita del Santo (1542). La Stein ha tentato in quest'opera, di darci una *Scientia Crucis* che potesse essere non solo una sintesi della vita e della dottrina di San Giovanni della Croce bensì che raccontasse i movimenti e le motivazioni che permisero al Santo di poter incarnare i valori del Vangelo nel momento più tragico della storia della Salvezza, la Croce. Pertanto, la caratteristica di questa rilettura del Dottore Mistico è la presenza viva e continua della Croce lungo tutto l'itinerario mistico di Giovanni, dalle purificazioni della sfera del sensibile alle profonde «notti» dello Spirito, nonché le sublimi esperienze mistiche trinitarie e cristologiche del *Cantico spirituale* per giungere all'ardore della *Fiamma viva d'amore.*

L'infuocato e vivo percorso mistico e spirituale di *Scientia Crucis*, si compone di tre Capitoli: Il Capitolo primo : *Il messaggio della Croce*, si articola in sei paragrafi, che introducono il lettore/cercatore di Dio nel pieno della vita mistica di S. Giovanni della Croce, attenzionando il contesto nel quale egli si inserisce, ci si riferisce alla vicenda che lo accomuna alla Stein- filosofo, ossia la privazione dell'affetto paterno e la sofferenza dovuta alle miserie della vita; probabilmente in quest'ambito i due hanno avuto l'occasione non solo di interiorizzare la Croce di Cristo ma renderla viva nello spirito e nella Carne. La Stein asserì addirittura che sia stata la stessa Madre Celeste ad aver istruito il giovane S. Giovanni nella Scienza della Croce, non economizzando nel descrivercene l'itinerario mistico-spirituale.

Altro aspetto fondante la mistica di S. G. della Croce, risultò essere senza ombra di dubbio l'approccio alle Sacre Scritture, che conosceva profondamente, essendosi formato presso i Gesuiti.

Cristo stesso ha parlato della Croce nei vangeli, nelle varie accezioni: come predizione della sua passione e morte, o quando disse: "... chi non prende la sua Croce e non mi segue, non è degno di me" (Mt. 10,38.), oppure quando per croce, si intende la *Sequela Christi*[36] : "... Chi mi vuol seguire... prenda la sua Croce e mi segua" (Mt.16,24; cfr. Mc 8,34; Lc. 9,23; 14,27).

Questa Croce, dunque, non risulta essere affatto amabile, *de facto* il Cristo non chiede di amarla, Lui stesso non l'ha amata. Ha amato invece gli uomini fino ad abbracciarla, il che ci pone sotto un'angolatura alquanto differente, essa infatti non appare bella, appetibile, anzi, è brutta al vedersi, ruvida e ripugnante. La Croce è sacrificio estremo, e per scovare la strada che porta al Cristo, bisogna seguire la sua segnaletica, la sola che permette di spezzare la vita terrena per guadagnare quella eterna[37]. Da non tralasciare, è l'aspetto che mette Giovanni di fronte alle testimonianze dei Profeti, esaltandone specialmente il rapporto amicale che Dio ha instaurato con essi. Quale emblema e Vessillo della vita contemplativa pone il profeta Elia, considerato la guida dei Carmelitani; quest'ultimo, inviato nel deserto da Dio, si nascose presso il torrente *Karith,* dall'altra sponda del fiume Giordano; ovviamente, Dio-misericordioso gli permise di bere l'acqua del torrente e di mangiare il cibo che Egli stesso gli avrebbe elargito.

La Stein, a questo punto, propone un'interpretazione del testo, quasi un'esegesi: bisogna andare al di là del Giordano per superare le passioni, nascondendosi nell'amore di Dio (*Karith* è pertanto inteso come *Charitas*), si berrà dal fiume della grazia e si mangerà dell'insegnamento per l'anima elargito dall'Eterno Padre. In questo modo, la fede per il Crocifisso, diviene il lascia passare per la gioia vera, in quanto: "[...] Essa ergendosi, indica la direzione verso l'alto. Quindi non è solo segno, è la forte arma di Cristo; la verga del pastore con cui il divino Davide esce incontro all'infernale Golia".[38] Soventemente, sotto il nome di Croce, finiscono per passare tutte le sofferenze della vita, e fu così anche per Giovanni, che dovette sopportarne il cruento peso. A tal proposito, ricordiamo che la notte a cavallo tra il 3 ed il 4 dicembre 1577, durante la quale alcuni "calzati"[39], lo arrestarono e lo tennero segregato in una prigione piccolissima per nove mesi, mangiava due volte a settimana in refettorio

[36] GIOVANNI PAOLO II, *Veritatis Splendor, lettera enciclica, A.A.S* , Roma 1993.
[37] E. STEIN,*Scientia Crucis,* 18.
[38] Ibidem, pag.20
[39] Monaci che non avevano aderito alla riforma.

prostrato in terra, solo pane e acqua, ivi gli veniva praticata la disciplina inflittagli con la verga e come se non bastasse gli fu vietato di celebrare il Sacrificio Eucaristico per l'intera durata della sua prigionia. Fu proprio in prigione che comprese il dono elargitogli da Dio: la mortificazione delle spoglie mortali per la rinascita a vita nuova della sua anima.

Nessun cuore umano è mai penetrato in una notte così oscura come il Dio-Uomo nel Getsemani e sul Golgota, affermò la Stein, ma, questo stesso Cristo, prova le sue anime elette e se ritenute all'altezza, ossia se non indietreggiano di fronte alla prova ma con amore pronunciano il loro Amen, allora sarà questo stesso amore a dipanare la Via Maestra.

La Stein, concluse il primo capitolo citando le parole del Vangelo di Marco:
"Chi vuol essere mio discepolo, rinneghi sé stesso, prenda la sua croce su di sé e mi segua..." (*Mc* 8,34).

In conclusione, l'uomo che cerca Dio deve bramare quanto agli occhi altrui appare disprezzabile, volere per sé la sofferenza anziché la consolazione, perché in questo consiste la *Sequela Christi*, nell' abnegazione di sé nel "morire" *tout- court*; l'anima che cerca l'intima unione con Lui, non potrà far altro che abbandonarsi alla crocifissione, alla solitudine, alla morte ed alla sofferenza, e tanto più risulterà perfetta questa crocifissione, maggiore sarà l'intima unione con Lui.

2.2 La Dottrina della Croce

Ne: "La dottrina della Croce", capitolo secondo dell'opera, la Stein, guidando il lettore per mano nelle impervie vie della mistica del Santo, lo propone quale scrittore. Focalizzando la sua visione del mondo nella Croce e nella Notte, due termini che apparentemente non sembrano avere alcun nesso tra loro, ma che risultano invece intimamente connessi. *De facto*, la Croce non è il simbolo dominante degli scritti di S. G. della Croce, "nella *Salita* e nella *Notte* si trova proprio nel centro, nel *Cantico* e nella *Fiamma di Amor Viva*"[40]. La Stein indagherà pe ben comprendere il significato della Croce in

[40] EDITH STEIN, *Scientia Crucis,* p 213.

S. G. della Croce, infatti, già nell'*incipit* del secondo paragrafo, comincia a dipanarsi l'impianto prettamente filosofico dell'opera, realizzando le prime distinzioni critiche del pensiero di S. G. della Croce; la Stein, cominciò col distinguere l'immagine dal segno reale:

- **Immagine:** non fa altro che rimandare nell'immediato alla cosa significata originariamente.
- **Segno reale:** raffigurazione visibile che conduce alla pienezza di senso, non artificiosamente ma realmente, in quanto inserito in un tutto storico.

La notte dunque, non viene letta in quanto oggetto né come immagine ma priva di coordinate strutturali risultando percepibile nel suo "inghiottire"[41].

Un'altra distinzione si pone tra:

1. **Notte cosmica:** intesa come limitazione temporale; la Stein, senza remore ne presenta le due concezioni opposte:
   - *Notte oscura:* permeata di tenebra.
   - *Notte splendente di luna:* il cui tepore di luce, ne addolcisce le linee essenziali.
2. **Notte mistica:** che esplode all'interno dell'anima, divenendo generatrice di solitudine.

Nell'Analisi, la Stein prende in esame il *Canto della Notte Oscura*[42] utilizzandolo come introduzione all' *Oscura notte dei sensi:* dove l'anima raggiunge il suo *escaton* nell'unione con L'Amato: *Oh felice sorte!*

Si abbisognerà pertanto di un distacco, inteso appunto come notte, in quanto l'anima deve negare i piaceri del mondo, anche se lo si riuscirà a cogliere ancora empiricamente; difatti, quando si è permeati di piacere sensibile, il tutto, appare come se immesso in un sicuro sentiero, ma questo cammino di fede richiede una totale abnegazione in quanto non è l'empirico ciò che è capace di destare sicurezza bensì il metaempirico, l'infinito, l' ignoto, la notte stessa da intendersi appunto come cammino notturno, un'apparente perdersi per andare e correre nel mistero di vedersi splendere! Questa l'unica strada régia che conduce l'anima al suo vero Essere, alla sua piena realizzazione.

[41] Ibidem...
[42] Testo in appendice.

Il punto di partenza per il cammino oscuro è rappresentato dalla ***oscura notte di senso***, intesa come mortificazione del piacere delle cose.

Per poter attraversare la notte, l'uomo deve assolutamente morire al peccato; d'altronde, ogni scelta porta in sé un segno di morte! Un'ulteriore distinzione[43]:

- **Notte Attiva:** è l'auto-crocifissione dell'uomo, nel suo morire al peccato[44].
- **Notte Passiva:** è la crocifissione completata da Dio stesso[45].

Successivamente, bisognerà passare alla seconda tappa dell'intimo itinerario: **La notte della fede come cammino d'unione,** la quale si presenta più buia dell'altra, occupandosi della parte più sensitiva e carnale dell'umana natura.

Procedendo in modo analitico e rileggendo il dato in chiave fenomenologica e ontologica, il presente ragionamento epistemologico si dedurrà facilmente: essendo l'intelletto in grado di concepire esclusivamente in maniera naturale con l'ausilio del dato sensibile che gli presenta l'oggetto, come questo stesso intelletto potrà conoscere le cose che vanno oltre la conoscenza empirica puntando al valore ontologico delle cose stesse; i sensi, permettono la conoscenza di una *res*, ed è solo tramite essi che riesco ad ottenere della cosa la sua forma oggettivante, o meglio, il concetto della stessa *res*; qualora si dovesse trattare di una *res* mai percepita dai sensi, come parlare dell'idea di colore ad un cieco, costui, volgarmente ne comprenderà il nome, ma non avrà dell'idea di colore alcuna forma oggettivante, pertanto non tratterrà immagine alcuna di essa.

Ecco, similmente con la fede che è per l'anima una notte totalmente oscura, l'unione intima con Dio avverrà quando la volontà dell'anima e quella di Dio si fonderanno in modo che, Dio, pur conservando il suo Essere, lo partecipa all'anima che ne brama l'intima unione e questa, seppur partecipata da Dio, è lungi dall'esserlo. Per giungere a questa unione, si abbisogna di uno *spoliamento* **interiore,** atto col quale, odiando la propria anima per amore del Cristo, si contempla ciò che è realmente la Croce.

---

[43] Tengo a precisare che il termine "distinzione, è da intendersi alla Maritain: "distinguiamo per unire"

[44] Personalmente la intendo come libero arbitrio

[45] Personalmente la intendo come grazia

Un'altra riflessione epistemologica viene mossa in merito l'intelletto che progredisce verso Dio: infatti, con la sua *forma mentis*, l'intelletto non è in grado di strutturare neanche l'idea di Dio infinitamente Altro, tanto meno riesce a crearsi un'immagine di Esso, se non nel cogliendolo in forma antropomorfica. L'uomo riesce pertanto a concepire solo ciò che conosce, paradossalmente si potrà ipotizzare l'idea di centauro in quanto l'umano intelletto, nel procedere, richiamarà la forma oggettivante di uomo e la forma oggettivante di toro fondendole in un'unica immagine. Questo, pur essendo una esistenzialità non attuale, risulterà essere comunque un dato reale, in quanto formato da due enti reali: l'uomo ed il toro. Questo, ovviamente non potrà accadere con l'idea Dio, in quanto non si possiede di Esso alcuna immagine.

Pare farsi spazio a questo punto una teologia negativa o apofatica, nella quale è meglio per l'uomo sforzarsi di non capire, citando a questo punto lo pseudo Dionigi nel formulare la sapienza di Dio *Raggio di tenebra,* supportando la denominazione con l'immagine della nube biblica nella quale Dio si nasconde (Es. 19,9 e 24,15 ss.) per permettere ad Israele di attraversare il Mar Rosso e fargli strada nel deserto.

Si necessiterà di un ulteriore *spoliamento*, quello della **memoria,** in quanto "l'anima deve imparare a conoscere Dio più di quanto Egli non è, deve arrivare a Lui, mentre rinuncia del tutto alle sue percezioni, naturali e soprannaturali, invece di accettarle"[46]. Si tenta dunque di eliminare il cosiddetto *fantasma*, ossia l'immagine delle cose permeate di sensibilità in quanto "non c'è nessuna forma e nessuna immagine con la quale la memoria possa comprendere Dio"[47]. Nel cercare al *via ad Deum*, occorre dimenticare ogni cosa, soprattutto se stessi.

Questo farà strada allo spoliamento della **volontà**, già noto alla Stein, che ha comunque cercato di leggere Tommaso d'Aquino con gli occhi di Husserl facendo sua una parte dell'impianto tomista. L'Angelico, infatti, parlando dell'atto libero nell'uomo, ne analizza l'ontologia e le dinamiche di scelta, che chiamerà "potenzialità di esercizio". Nella concezione tomista, gli atti umani, sono

[46] E. STEIN, *Scientia Crucis*, p. 90
[47] Ibidem.

pertanto caratterizzati da un *terminus a quo* (intenzionalità oggettiva) ed un *terminus ad quem* (la volontà, che spingerà l'uomo alla scelta), per dirla in altri termini "divulgativi": l'intenzionalità propone e la volontà dispone!

Procedendo con ordine, l'essere umano quindi, dovrà purificare la volontà a partire dai suoi desideri nel tendere all'assimilazione con Dio, dovrà far convergere l'umana volontà con la volontà Divina per giungere alla libertà dello Spirito.

Improvvisamente, la *Salita al Carmelo* si interrompe, memori che S. G. della Croce non intendeva creare un'opera ben articolata e completa tenendo conto del periodo nel quale scrive, che è proprio quello più travagliato della sua esistenza, da non trascurare la probabilità che abbia perso il filo conduttore nel periodare, non avendo un canovaccio di base. Nell'addentrarci in questi meandri mistici, bisognerà comprendere cosa si intenda per Spirito e Fede, dove la Fede implica una rinuncia ai voleri dello spirito, ed è nell'accettare questa rinuncia che ci si addentra nella notte attiva e nella sequela della croce. L'anima dunque deterrebbe certune potenze, tra le quali, quelle: inferiori, superiori e spirituali.

I sensi, saranno intesi invece come le finestre dell'anima, divenendo i suoi "organi corporali"; Così l'anima nella prima notte si stacca dal sensibile per procedere alla purificazione. Nella sua attività naturale, lo Spirito è legato al senso e accoglie quanto gli viene offerto; allo stesso modo procederà la volontà nell'occuparsi di quanto le viene offerto sensorialmente, traendone infine godimento. La fede, a questo punto, dirige l'intelletto a Dio, istruendolo sugli attributi dello stesso e sulla sintesi delle verità rivelate. L'intelletto pertanto, accetterà ciò che gli è proposto muovendo i primi passi verso la notte oscura. In questo modo, l'anima si stabilizzerà accettando che *Dio è;* accettando tutto ciò che Egli stesso trasmette tramite la Chiesa.

Procedendo in questo modo, lo Spirito, vivendo l'esperienza di fede, si innalza sul suo naturale operare senza distaccarsene. La metodologia con la quale lo spirito interiorizza il contenuto della fede è la meditazione. A questo punto, la volontà, spinta dall'amore, volge a plasmare la propria esistenza sulle basi della fede. Il frutto della meditazione, quindi, non viene né contaminato né tanto meno perduto; infatti, le verità accumulate, possono essere riportate alla memoria col solo atto volontario (Inconscio). Il colloquio con Dio, non abbisogna di tante parole, ma solo di una conoscenza spirituale sempre più profonda.

"Se consideriamo [la] contemplazione in sé stessa, l'abbandono silente e amoroso in Dio, allora possiamo anche prenderla in considerazione come una forma di fede, la *fides qua creditur*: non si tratta di un credere *Deum,* neppure del credere *Deo*, bensì del credere *in Deum*, gettandosi in Lui da credenti"[48].

Le verità di Dio, ci mettono in contatto diretto con le cose create, infatti, talvolta, anche coloro che si sono incamminati in un serio cammino spirituale, dedicano solo una piccola parte del loro tempo alla preghiera e alla meditazione, in questo modo l'intelletto disperde le sue forze, e nel disperderle, favorisce l'unione della volontà con le passioni, ostacolando il meticoloso lavorio della preghiera. Per porvi rimedio, Dio può far dono di talune comunicazioni soprannaturali, dalle quali però l'anima deve separarsi, in modo poi da favorire Dio nell'afferrare l'anima per liberarla dalle cose create ricongiungendola finalmente a sé; questo afferrare è detto **oscura e mistica contemplazione.**

Non resta altro che la fede, "la morte di Croce nel corpo vivente, nei sensi e nello Spirito conduce all'unione con Dio"[49]. E' ovvio che comunque, l'anima, anche se immersa in un esercizio dello spirito, detiene ancora notevoli imperfezioni e deve passare ad una purificazione più profonda; l'unico modo col quale è possibile guarire dalle piaghe spirituali, è appunto lo *spoliamento*, ed è in esso che si compie pienamente la notte oscura: "mentre Egli lascia l'intelletto nelle tenebre, la volontà nell'aridità, la memoria nel vuoto e le affezioni dell'anima in estrema afflizione, amarezza ed angoscia…"[50] è questo il luogo privilegiato nel quale si compie la definitiva purificazione, sia dello Spirito che del senso. Ora l'anima è totalmente avvolta dal mistero e considerata la massima elevatezza nella quale si inserisce, riesce a percepire la sua profonda nullità. Nonostante l'attimo

---

[48] EDITH STEIN, *Scientia Crucis,* p.132
[49] ibidem p.136
[50] ibidem…

sublime che essa vive, è decisamente gettata nella vita e proiettata verso la solitudine, senza riuscire a trovare speranza alcuna, nemmeno in una guida dello Spirito! Quest'ottenebramento dello Spirito risulta essere il fine della "beata notte", dato che l'intelletto naturale, non riuscirebbe a contenere l'immensità della Divina Luce, deve dunque essere condotto alla contemplazione nell'oscurità.

Inquadrarando la persona, si nota come sia palesemente chiamata a vivere nell'interiorità pur se paradossalmente risultando essere un animale razionale inserito in un tutto sociale, che solo nella sua interiorità riesce a percepirsi e a cogliersi. A questo proposito la Stein inserisce nella discussione una categoria fin ora ignorata: gli Spiriti superiori creati (Angeli), asserendo che essi sono nient'altro che collegamenti al proprio cammino nello spirito. L' Aquinate, considerava una relazione verbale tra questi spiriti, come un puro spirituale rivolgersi a sé stessi, per comunicar ad altri quanto si ha in essi.[51] Così la Stein immagina il "silente richiamo" dell'angelo custode o magari anche un richiamo, sempre interiore, degli Spiriti cattivi, riflessione in parte ripresa anche da Sant'Ignazio di Loyola.

Immagine pregnante di queste pagine è il rapporto sponsale tra Dio e l'Anima, vi è un "matrimonio mistico", visto come un rapporto di reciproco appoggio. Da qui, repentinamente, ci propone la visione di tre categorie antropiche che esplicitano le possibilità di movimento dell'Io, senza mai escludere la libera decisione:

- **L'uomo sensuale:** colui che è immerso nel sensibile, nel quale, la sua dimora è lungi dal suo più profondo interiore.
- **Il cercatore di verità:** il quale vive esclusivamente nella sua ricerca intellettiva.
- **Io- persona:** un *self-centripeto*: colui che fa del suo Ego un centro di gravità permanente, che anche se pare essere vicino al suo "interiore", il suo cammino reale è lungi dall'esserlo.

Prendendo in esame l'uomo sensuale, si deduce che, essendo abbandonato al puro piacere, qualora si trovi innanzi alla possibilità di possederne uno di maggiore entità, passerà dall'uno all'altro automaticamente, senza il doveroso passaggio mentale che permette di passare dalla potenza all'atto,

[51] TOMMASO D'AQUINO, *Quaestiones...*, cit. Somma Teologica, III q. 9 a., *Edith Steins Werke,* edite a cura di Lucy Gelber e P. Romaeus Leuven e in seguito da Lucy Gelber e P. Michael Lissen, Herder, Freiburgh- Basel- Wien, 1991.

si attuerà in esso, pertanto, un movimento senza libera deliberazione. Se si desse il caso che si presenti all'uomo sensuale un *quid* appartenente ad un differente territorio valoriale, potrebbe darsi che costui si senta spinto all'aiuto di un'alterità. L'uomo sensuale non arriverà nella spontaneità ad un'opzione, ma ragionerà secondo le categorie di scarto, ponderando nell'immediato un: *non-lo-considero-neppure.* Anche questo è il caso in cui si è verificata una decisione voluttuaria. È in questo non voler considerare che si sprigiona la portata superficiale della *deliberatio* e dunque della limitazione della libertà da parte del dato sensibile. Il credente invece è consapevole di relazionarsi ad un'alterità che è "totalmente al di sopra di tutto". Chi riesce a vivere questa fede, difficilmente trarrà sicurezza da una qualsiasi scienza, procederà al riconoscere quanto è giusto agli occhi di Dio; infatti, chi ciecamente si abbandona alla fede, niente altro desidera che quanto è volontà divina.

L'ultima grande parte del capitolo II, propone alcuni testi poetici di S. G. della Croce. La Stein pone dunque in relazione: il Canto fra l'Anima e lo Sposo[52], La Notte oscura[53] e la Fiamma d'Amor Viva[54], nel commentarli, pone al centro un'unica immagine: la fuga nella notte, e il fuoco divampante. Questi due canti fanno da cerniera alla mistica, soprattutto nell'istante in cui, l'anima ormai in solitudine, si dedica a Dio. È proprio il Cantico Spirituale[55] ad offrire un itinerario mistico, non solo nel contenuto delle strofe ma anche nel commento succedente, dove il contrasto si fa palese tra la *Salita* e la *Notte.* Il *Cantico Spirituale* ebbe una seconda redazione e la Stein prende in analisi quattro punti nodali delle novità apportate:

- "La seconda rielaborazione, contiene una strofa che la prima non conteneva [...]
- La seconda redazione, divide il Cantico in tre parti: I, II, III.
- Ella altera l'ordine delle strofe e ne intacca così la struttura primitiva.
- Introduce alla conclusione del cantico, prima dell'inizio del commento alla prima strofa, un *argumentum,* una breve esposizione del movimento- guida del pensiero."[56]

---

[52] EDITH STEIN, *Scientia Crucis*, p 252 ss.
[53] Ibid. p.45
[54] ibid. p.212
[55] ibid. p. 251
[56] ibid. p. 272

Concludendo il capitolo, la Stein, asserisce che Cristo, nella notte dell'abbandono a Dio, si è caricato di un fardello colmo dei peccati dell'umanità, aprendo la strada della salvezza a tutti coloro che hanno il coraggio di abbracciare la Croce e il Crocifisso. Questa è pertanto l'oscura notte della contemplazione. Più la notte diviene oscura, più la morte dolorosa, tanto più c'è intima unione tra umano e divino; così l'anima, senza opporre resistenza, non può far altro che lasciarsi andare in un caldo abbandono, impadronendosi delle forze naturali, trasfigurandole in forze spiritualizzate. Solo così si ha la memoria del riscatto pagato per l'espiazione dei peccati, riconoscendo le stimmate dell'Uomo Nuovo, prezzo del nostro riscatto, solo così l'Anima raggiunge il suo *escaton*, l'intima unione con Dio, meta sospirata, "comprata attraverso la Croce, compiuta sulla Croce e sigillata dalla Croce per tutta l'eternità".[57]

2.3 Il Frammento della Croce

Il terzo ed ultimo capitolo, il più breve, intitolato appunto: Frammento della Croce, srotola un insolito susseguirsi di citazioni di S. G. della Croce, partendo dalle ultime gesta, fino al giorno della sua morte e all'intimo abbraccio col Padre.

[57] ibid. p.316

CAPITOLO TERZO

COMMENTO E CONCLUSIONI

Un legame misterioso, un *fil rouge* legato a doppia trama, unisce nella scelta mistica e provvidenziale Edith Stein (1891-1942) e Giovanni della Croce (1542-1591), collaboratore di Teresa d'Ávila nella riforma del Carmelo. Le loro date si rispecchiano pure stranamente; l'una è nata durante il terzo centenario della morte dell'altro, ed è morta durante il quarto centenario della sua nascita, una coincidenza che ha dell'ironico, un rispecchiamento numerico che ha un riverbero fortemente spirituale.

3. 1. Commento alla *Scientia* Crucis

Per chi legge *Scientia Crucis* dopo aver studiato la filosofia fenomenologica, mantenendo un assetto filosofico, rischia una delusione. L'opera, infatti, non appare tanto scientifica come il titolo suggerisce, nessuno sforzo per situare il tema trattato nel dibattito tedesco sulla relazione tra le scienze della natura e quelle della cultura, la scienza della natura e la scienza dello spirito sono un tema trattato dalla Stein giovane filosofa; quindi, ci si aspetta quanto meno un accenno filosofico.

Le sezioni biografiche su Giovanni della Croce appaiono talvolta agiografiche e certi suoi centri di interesse (come la contemplazione acquisita, l'autenticità dei manoscritti di Giovanni, o la riconciliazione di Giovanni con il tomismo) sembrano superati. La maggior parte del libro, rasenta una continua parafrasi degli scritti di Giovanni, che specialmente nell'ultima parte, presenta una catena senza fine di citazioni legate tra di loro da congiunzioni o frasi occasionali di transizione, il tutto fa pensare ad una primitiva imbastitura dell'opera, da essere revisionata, completata e addobbata per presentarla infine al lettore finale, risulta infatti essere una "versione condensata" degli scritti di Giovanni un'antologia in senso stretto.

Queste critiche però, non tengono conto della natura e del proposito del libro, o anche il contesto nel quale è stato scritto. La Stein non aveva intrapreso un'opera accademica o che avesse l'intenzione di offrire nuove conclusioni e prospettive, ma semplicemente comporre un libro per il giubileo per le Carmelitane e i Carmelitani, cogliendo in Giovanni della Croce l'unità del suo essere, considerando il tutto da un punto di vista che renda possibile afferrare con un colpo d'occhio questa unità. Certamente, questa non è una *scienza* nel senso usuale del termine; non si tratta di una teoria, vale a dire d'un semplice complesso di proposizioni vere né d'una costruzione ideale congegnata da un progresso logico del pensiero, si tratta invece di una verità già ammessa, una Teologia della Croce che è una verità viva. La dottrina della croce di San Giovanni non si potrebbe chiamare *Scienza della Croce* nel senso che intendiamo noi, se ci si basasse esclusivamente su conoscenze di carattere intellettuale.

Il proposito principale di Edith Stein in questo libro è dunque quello di mostrare che la dottrina di Giovanni e la vita vanno a piedi pari nel mistero della Croce (lei stessa troverà il principio unificante per la sua vita e il suo pensiero proprio nella Croce).

Le sezioni del libro che i contemporanei hanno trovato interessanti, sono quelle dove Edith Stein irradia in maniera intermittente, non sono le lunghe sezioni riassuntive, ma piuttosto le sezioni in cui lei parla a proprio nome. È qui che troviamo una breve ma gradevole sintesi creativa delle varie vie nelle quali Giovanni ha incontrato la Croce, non principalmente attraverso le tentazioni nella sua vita, ma nella Scrittura, nella Liturgia, nell'arte e nelle visioni. Qui troviamo le sue riflessioni sulla "sacra oggettività" e sulla natura del simbolo e della relazione tra la "Croce" e la "Notte"; la sua analisi fenomenologica di questi temi è a giusto titolo famosa.

La Croce non è affatto una figura in senso stretto, la croce ha acquistato la sua importanza attraverso la sua storia. Essa non è *oggetto fatto da madre natura*, bensì un *ordigno fabbricato*, congegnato dalle mani degli uomini e adoperato per uno scopo ben preciso.

La *notte* invece è qualcosa di *naturale*: il contrario della luce che avviluppa noi e tutte le cose. Nemmeno essa è un *oggetto* in senso letterale: non si oppone a noi e non sussiste per sé stessa. Non è neppure un'*immagine*, se s'intende parlare di una forma visibile. Essa è invisibile e inafferrabile, eppure la percepiamo bene, anzi ci è molto più congeniale di tutte le altre cose e figure, è strettamente legata al nostro essere. Come la luce fa risaltare le cose con le loro caratteristiche visibili, così la notte le *inghiottisce*, minacciando di inghiottire anche noi. Ciò che s' immerge in essa non è annientato; continua ad esistere, ma indistinto, invisibile ed informe come la notte stessa, oppure sotto forma di ombre, di fantasmi e quindi gravido di minaccia. La notte cosmica agisce allo stesso modo di quella che si chiama notte in senso traslato.

Nell' "anima nel regno dello spirito e degli spiriti", una sezione importante di transizione, di circa 25 pagine, ella rileva varie questioni sollevate nei commenti alla *Salita* e alla *Notte Oscura* riguardo alla libertà e all'interiorità, ai vari modi di unione con Dio, e alla relazione tra la fede e la contemplazione.

Questa parte termina con un passaggio che sembra parlare tanto dello spirito proprio di Edith Stein e della sua spiritualità quanto della dottrina di Giovanni della Croce; nella passione e morte di Cristo i nostri peccati sono stati arsi. Se accogliamo con fede questa verità, accettando fedelmente e senza riserve il Cristo tutto intero in modo da scegliere e da battere la via dell'imitazione di Cristo, Egli "attraverso" la Sua passione e morte ci condurrà alla gloria della risurrezione. È appunto ciò che si prova nella contemplazione: come, attraversando il fuoco dell'espiazione, si arrivi alla beatificante unione d'amore. Alla luce di questa realtà si spiega anche il suo carattere apparentemente contradditorio. Essa è nello stesso tempo, *morte e risurrezione*. Dopo la *Notte oscura* radiosa, la *Viva Fiamma d'Amore*.

3.2 Il debito che Edith Stein deve a Giovanni della Croce

Con ironia, ma anche rivedendo tutto il materiale, rimane difficile dire con precisione come Giovanni della Croce abbia influenzato la vita di Edith Stein e il suo pensiero. La sua famosa osservazione, "*secretum meum mihi*", sembra applicarsi bene qui, possiamo speculare dicendo che è stata attratta dai parallelismi tra la sua vita e quella di Giovanni. Tutti questi temi erano di grande significato per lei come carmelitana e come cristiana, lo si può dedurre dal fatto che lei ha preso Giovanni come "guida del suo ritiro" e che è entrata in relazione con lui come fonte di una particolare direzione spirituale. Ma non ricorda nessuna imprevedibile e particolare grazia venutale dalla lettura delle opere di Giovanni né un'esperienza simile a quella della lettura della vita di Teresa in una sola notte, con la conclusione:" questa è la verità"! In realtà, sembra che Giovanni non l'abbia molto arricchita di stimoli per una nuova conversione intellettuale o morale, ma piuttosto che le abbia offerto l'opportunità di riflettere più profondamente su problemi già importanti per lei. Come fenomenologa, ella avrebbe apprezzato la comprensione profonda del Mistico Dottore delle complessità della esperienza umana e delle sottigliezze della grazia che agisce nelle profondità interiori della persona umana, anche se, le opinioni di Giovanni erano coniate in un linguaggio concettuale diverso.

Incontrò purtroppo la croce molto prima di immergersi negli scritti sangiovannisti, Giovanni l'ha "spinta" ad apprezzare la radicalità delle sue esigenze, la profondità della conversione e della trasformazione che l'unione con Dio necessita e che amava tanto; l'ha guidata nel vivere le richieste della croce perfino nei minimi dettagli della sua vita. Fu tra l'altro una delle prime autrici a prendere il tema della notte in Giovanni e a darle una dimensione politica, sociale, parlando della "notte del peccato" che aveva allora coperto l'Europa dell'Ovest: "Le più grandi figure dei profeti uscirono fuori dalla più cupa notte"[58]. Lei stessa avrebbe voluto essere questo profeta nella "notte oscura" di Westerbork e di Auschwitz. Infine, se l'errore più comune alle interpretazioni passate di Giovanni era l'accentuazione eccessiva degli aspetti ascetici del suo insegnamento, forse l'errore

[58] EDITH STEIN, *Alla Vita interiore e l'epifania,* the Hidden Life, p.110

contemporaneo perverso (visibile soprattutto nei tentativi della New Age di assimilare Giovanni), sta nell'accentuare solamente l'esaltata coscienza mistica che egli descrive. Edith Stein, nella *Scientia Crucis*, offre ai lettori contemporanei un correttivo valido, un'alternativa a questi approcci parziali del "suo santo Padre Giovanni", indica la via mediana, ricordando che anche se Giovanni non ha invocato la sofferenza per la propria salvezza, la "divinizzazione" alla quale egli guida, richiede la morte totale del vecchio io.

La croce e la risurrezione vanno pertanto unite insieme. Questa è anche, probabilmente, la via mediana mostrata nella recita su Giovanni "recita sul Monte Carmelo", la via dei sette "nada" che guidano al glorioso banchetto della carità, pace e gioia e giustizia sul vertice, dove "solo la gloria e l'onore di Dio rimangono". Questa è la via che Edith ha probabilmente scelto per sé stessa, o meglio, la via lungo la quale lei ha permesso all'amore di Dio di guidarla.

Conclusioni

La storia ci dice che Edith Stein stava lavorando alla *Scientia Crucis* quasi fino al momento del suo arresto. Il libro, infatti, termina repentinamente (anche se non come *La Salita del Monte Carmelo* o *la Notte Oscura*) con un racconto della morte di Giovanni, e manca di conclusione o di postscriptum, per questo si dice sia un'opera frammentaria.

L'evidenza interiore suggerisce però che il libro sia essenzialmente completo; Edith Stein tentò infatti di rivedere e di analizzare tutti gli scritti di Giovanni della Croce, anche le sue opere minori, trattando tutte la fasi della sua vita. È difficile immaginare cosa potesse aggiungere di più, dato lo scopo del libro, eccettuate le conclusioni. Infatti, come Sancho Fermín ha segnalato, anche l'inchiostro che ha utilizzato alla fine del manoscritto, sfuggito alla distruzione, è identico a quello utilizzato all'inizio. Ciò significa che, dopo l'ultima sezione, è tornata indietro per scrivere la prefazione, come fanno molti autori, quando mettono il punto finale al loro lavoro.

Possiamo asserire piuttosto, che l'opera è necessariamente incompleta in un altro senso, nel senso della Stein. Come abbiamo notato sopra, Edith Stein scrive nella sezione finale che la dottrina di Giovanni della Croce non deve essere chiamata scienza della Croce nel senso nostro, forse fondato su un'opinione razionale. I suoi frutti devono essere visti nella vita del santo.

L'ultimo capitolo doveva essere vissuto, essere scritto, parlato con il suo proprio sangue. È questo il mistero del completo abbandono di Edith Stein al mistero della croce, il mistero della morte e della risurrezione di Cristo che dà alla sua ultima opera tanto potere e tanta risonanza. Il modo in cui santa Teresa Benedetta della Croce è vissuta e morta, più di quanto ha scritto, è il suo grande testamento e il suo tributo al suo santo Padre Giovanni della Croce.

APPENDICE

Il Canto della Notte Oscura[59]

In una notte oscura

Da ansie di amore infiammata

Oh felice sorte!

Uscii senza essere notata

Dalla mia casa ormai immersa nella calma.

Nell'oscurità e sicura,

per la segreta scala mascherata

Oh felice sorte!

Nell'oscurità e celata

Dalla mia casa ormai immersa nella calma.

Nella notte felice

In segreto: nessuno mi vedeva

Non guardavo nulla,

senza altra luce e guida

tranne quella che nel cuore mi ardeva.

Questa mi guidava

Più certa della luce meridiana

Dove mi attendeva

Chi bene io conoscevo

In luogo dove nessuno appariva.

Oh notte che guidasti!

Oh notte più amabile dell'aurora!

---

[59] E. STEIN, *Scientia Crucis,* p.46.

Oh notte che unisti

L'Amato con l'amata

L'amata nell'Amato trasformata!

Nel mio petto fiorito,

che intatto per lui solo serbavo,

qui si addormentò

e io lo accarezzavo

e con il ventaglio di cedri ventilavo.

Il soffio della merlatura

Quando i suoi capelli spargevo

Con la sua mano serena

Il mio collo feriva

E tutti i miei sensi sospendeva.

Giacqui e mi dimenticai,

il volto reclinato sull'Amato,

cessò tutto e i abbandonai, abbandonando la mia cura

fra i gigli dimenticata.

GLOSSARIO

- **Anima:** L'anima è la sostanza dell'io[60] . Indica l'intera persona in cui le dimensioni spirituali sono sottolineate. Giovanni, seguendo la Scolastica, la suddivide in tre parti: fondo o centro; spirito e sensi. Nello Spirito distingue tre facoltà: intelletto, memoria e volontà. L'incontro con Dio avviene al centro.
- **Cammino:** (*o Weg*) *Il* cammino della Croce come partecipazione alla Croce di Cristo; il cammino all'unione con Dio, il cammino all'alto monte della perfezione che si lascia percorrere solo dai viandanti che non portano alcun peso.
- **Comunicazione:** Di Dio alla persona in molteplici modalità naturali per via di grazia. Dio si comunica nella fede e nella contemplazione.
- **Corpo:** Edith Stein distingue tra: *Körper:* cosa materiale coglibile nell'esperienza esterna di cui si occupa l'anatomia. *Leib:* costituisce il terreno di un'indagine psicofisica.
- **Coscienza:** Si distingue in coscienza posizionale e coscienza non decisionale.
- **Epoché:** "La filosofica Epoche, che ci proponiamo, deve consistere espressamente in questo: che sospendiamo interamente il giudizio nei riguardi del contenuto dottrinale di tutte le filosofie precedentemente date e compiamo tutte le nostre indicazioni nell'ambito di questa sospensione"[61]. Per Edith Stein, è lo strumento con cui l'anima si apre al mondo spirituale di Dio invisibile allo spirito.[62]
- **Evidenza:** In senso generale indichiamo l'afferramento della verità come verità[63].
- **Fenomenologia:** Il metodo fenomenologico inizia con un'operazione preliminare detta epochè, in cui non si nega quanto sospeso ma si cerca di indagarlo in un modo diverso, con la fiducia che si è capaci di coglierne il significato, cioè intuirne l'essenza. Si esamina ogni cosa

[60] *Einführung in die Philosophia, Edith Steins Werke,* edite a cura di Lucy Gelber e P. Romaeus Leuven e in seguito da Lucy Gelber e P. Michael Lissen, Herder, Freiburgh- Basel- Wien, 1991, Band XIII; *Introduzione alla filosofia,* Città Nuova, Roma 1998, p.166 ss.

[61] E. HUSSERL, *Idee per una fenomenologia pura e per una filosofia fenomenologica, Libro Primo, introduzione generale alla fenomenologia pura,* Einaudi, Torino 1965, pp.40-41.

[62] E. PRZYWARA, *Edith Stein et Simone Weil,* Jaca Book, Milano 1971, pp. 468- 469.

[63] E. HUSSERL, *Ricerche logiche III, IV, V, VI,* vol. II, Il Saggiatore, Milano 1968; nella nota terminologica a p.553.

e anche il mondo interiore, gli atti, le operazioni del soggetto rintracciabili attraverso un atteggiamento di autoriflessione e quindi di evidenziazione di senso.

- **Immagine:** Sotteso vi è il termine *Bild.* Si intende copia o riflesso iconico (*Abbild*), raffigurazione (*Abbildung*); *Gebilde,* immagine prodotta, riproduzione come ritratto. Simbolo.
- **Intelletto:** Una delle tre facoltà dell'anima; la possibilità razionale ed intuitiva che consente di conoscere, comprendere e giudicare.
- **Meditazione:** La riflessione discorsiva sulle verità di fede, su di un passo della Scrittura. Suo scopo è conoscere Dio ed imparare ad amarlo.
- **Potenza:** Nel lessico scolastico indica le tre facoltà dello spirito: intelletto, memoria e volontà.
- **Scienza:** "La scienza è anzitutto un'unità antropologica, cioè un'unità di atti del pensiero, di disposizioni mentali, insieme a certe istituzioni eterne correlative... per sua essenza la filosofia è però scienza dei veri inizi, delle origini"[64].
- **Spirito:** La parte più profonda dell'interiore che consente il legame consapevole con Dio.
- **Spoliamento:** Senza alcun significato negativo; indica la liberazione interiore.

[64] E. HUSSERL, *Ricerche logiche, Prolegomeni a una logica pura, Prima ricerca, Seconda ricerca,* Il Saggiatore, Milano 1968, pp.235-236.

BIBLIOGRAFIA

FONTI

E. STEIN, *Scientia Crucis,* Edizioni OCD, Roma 2002.

E. STEIN, *Scientia Crucis,* Edizioni Ancora, Milano 1960.

E. STEIN, *Storia di una famiglia ebrea,* Città Nuova, Roma 1992.

E. STEIN, *Alla Vita interiore e l'Epifania,* The Hidden Life.

E. STEIN, *Il problema dell'empatia,* Studium, Roma 1985.

E. STEIN, *Essere finito e essere eterno,* Città Nuova, Roma 1988.

E. STEIN, *La donna. Il suo compito secondo la natura e la grazia,* Città Nuova, Roma 1968

E. STEIN, *La vita come totalità. Scritti sull'educazione religiosa,* Città Nuova, Roma 1994.

E. STEIN, *La preghiera della Chiesa,* Morcelliana, Brescia 1987.

E. STEIN, *Il Castello dell'anima,* Edizioni O.C.D., Firenze 1981

E. STEIN, *Potenza e Atto, studi per una filosofia dell'essere,* Città Nuova, Roma 2003.

E. STEIN, *La struttura della persona umana,* Città Nuova, Roma 2000.

E. STEIN, *Natura Persona Mistica, per una ricerca cristiana della verità,* Città Nuova, Roma 1999.

E. STEIN, *Psicologia e Scienze dello Spirito, contributi per una fondazione filosofica,* Città Nuova, Roma 1999.

E. STEIN, *Introduzione alla Filosofia,* Città Nuova, Roma 2001.

OPERE PARABIBLIOGRAFICHE

CENTRO DI STUDI FILOSOFICI DI GALLARATE, *Enciclopedia Filosofica,* Vol. IV, G. C. Sansoni Editore, Firenze 1967.

LETTERATURA

CATTANEO, *Patres Ecclesiae,* Aloisiana Libri, Napoli 2004.3

H. B.GERL, *Edith Stein, Vita – Filosofia – Mistica,* Morcelliana, Brescia 1998.

GIOVANNI PAOLO II, *Veritatis Splendor, lettera enciclica,* A.A.S., Roma 1993.

T. D'AQUINO, *Le Questioni disputate. La verità,* vol.II, ESD, Bologna 2001.
G. W. F. HEGEL, *Fenomenologia dello Spirito,* [tr.it] a cura di E. Oberti e G. Borruso, 2 voll., Nuova Italia, Firenze 1960.

E. HUSSERL, *Idee per una fenomenologia pura e per una filosofia fenomenologica, Libro Primo, Introduzione generale alla fenomenologia pura,* Einaudi, Torino 1965.

E. HUSSERL, *Ricerche logiche III, IV, V, VI, vol. II,* Il Saggiatore, Milano 1968.

E. HUSSERL, *Ricerche logiche, Prolegomeni a una logica pura, Prima ricerca, Seconda ricerca,* Il Saggiatore, Milano 1968.

E. PRZYWARA, *Edith Stein et Simone Weil,* Jaca Book, Milano 1971.

TERESA DI GESÙ, *Epistolario,* Edizioni OCD, Roma 1982.

TERESA RENATA DELLO SPIRITO SANTO OCD, *Vie della conoscenza di Dio. Sui sentieri della verità di Edith Stein,* antologia a cura del Carmelo di Milano, Paoline 1991.

E. DE MIRIBEL, *Edith Stein. Dall'università al lager di Auschwitz,* Paoline, Milano 1987.

P. CODA, *Il negativo e la trinità,ipotesi su Hegel,* Città Nuova, Roma 1987.

RIVISTE

E. STEIN, *Il mistero del Natale,* in *Rivista di vita spirituale,* 6, novembre – dicembre 1987.

PER LE CITAZIONI BIBLICHE:

LA BIBBIA DI GERUSALEMME, Edizioni Dehoniane, Bologna 1971.

INDICE

Printed by Books on Demand GmbH, Norderstedt / Germany